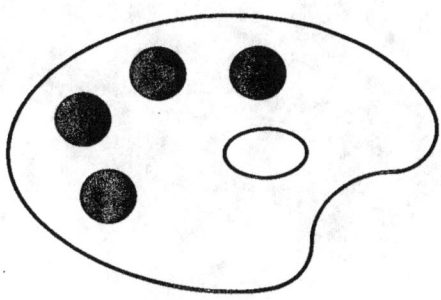

Original en couleur
NF Z 43-120-8

BÉBÉ
SAIT LIRE

LA MAMAN. — Puisque **Bébé** sait **lire**, il faut maintenant qu'il apprenne à écrire.
BÉBÉ. — Il y aura donc toujours quelque chose à apprendre !

Mme DOUDET

BÉBÉ SAIT LIRE

Suite au grand Alphabet-Album
BÉBÉ
SAURA BIENTOT LIRE

COURTES HISTORIETTES ENFANTINES
SERVANT D'EXERCICES DE LECTURES

PARIS
THÉODORE LEFÈVRE, LIBRAIRE-ÉDITEUR
Rue des Poitevins

PARIS. — IMPRIMERIE DE E. MARTINET, RUE MIGNON, 2

Rosette lui présenta un bonnet.

UNE IDÉE DE MADEMOISELLE MIGNONNE

Mademoiselle Mignonne avait eu le malheur de perdre sa maman lorsqu'elle était toute petite, de sorte qu'elle avait été fort gâtée par son papa et qu'elle s'était habituée à faire toutes ses volontés.

Lorsqu'elle eut cinq ans, son papa voulut qu'elle apprît à lire et à écrire, et il lui acheta des livres avec beaucoup d'images, des cahiers et des plumes.

Mais Mignonne fit des cornes aux livres, des pâtés sur les cahiers et n'apprit rien.

Chaque matin elle pleurait pour se mettre au travail et déclarait qu'elle aimerait bien mieux n'être qu'une paysanne et travailler aux champs, au lieu d'apprendre à lire et à écrire.

Le papa, voulant faire sentir à sa fille combien ce qu'elle disait était

Mignonne donnait à manger à la volaille.

On alla ensuite cueillir des fraises.

faux, la mena chez la fermière Rosette, en priant celle-ci de traiter Mignonne comme si elle était une campagnarde.

Elle lui présenta une cruche pleine de coco.

Mignonne alla voir une pauvre vieille.

La corde se cassa dans ses mains.

Dès la pointe du jour, Rosette fit lever Mignonne, lui donna des habits de paysanne; ce qui enchanta la petite fille. Elle s'y trouvait, disait-elle, plus à l'aise.

On descendit à la basse-cour : ce fut Mignonne qui distribua le grain à la volaille; elle s'amusa beaucoup et trouva cette occupation bien plus amusante que ses leçons.

On alla ensuite cueillir les fraises pour porter au marché. Mignonne, peu habituée à travailler courbée au soleil, était brisée de fatigue et se mourait de soif; Rosette ayant pitié d'elle lui donna à boire à même une grande cruche de grès qui contenait du coco; mais Mignonne qui était très-dégoûtée n'y voulut d'abord pas boire et demanda un verre. Rosette se moqua d'elle et l'envoya faire paître la chèvre nommée Mutine, qui était bien la bête la plus capricieuse qu'on pût imaginer.

Mignonne saisit la corde avec joie et partit, en bondissant, heureuse de quitter la cueillette des fraises, qui l'ennuyait déjà. Mutine se montra d'abord assez soumise, et Mignonne décida d'aller faire une visite à une pauvre vieille femme malade, à laquelle elle portait souvent de l'argent de la part de son père.

Mais, arrivée à la porte de la cabane, Mutine ne voulut pas entrer. Mignonne eut beau la tirer, la chèvre ne céda pas; elles s'obstinèrent toutes deux dans un sens opposé; mais comme Mutine était la plus forte, ce fut elle qui eut l'avantage : elle se sauva, laissant la moitié de la corde dans les mains de la petite fille stupéfaite.

Ce fut en vain que Mignonne courut après la fugitive, celle-ci avait gagné les bois et mangeait à belles dents les jeunes pousses des arbres ; de temps en temps elle écoutait si la petite fille arrivait, puis lorsqu'elle la voyait tout près elle reprenait sa course vagabonde.

Mutine mangeait les bourgeons dans le bois.

Mignonne, désolée, s'était assise au pied d'un arbre et regrettait amèrement la maison paternelle, elle n'osait plus rentrer à la ferme et serait peut-être restée longtemps à pleurer, si elle n'eût été tirée de sa méditation par une grosse voix qui lui disait : — Petite, est-ce à toi cette chèvre ?

Elle leva les yeux et vit avec effroi le garde champêtre debout devant elle, qui d'une main tenait Mutine et de l'autre un crayon et un papier pour faire un procès-verbal.

Mignonne le supplia d'avoir pitié d'elle et de la reconduire chez son papa; elle avait assez de la vie champêtre et ne demandait qu'à retourner à ses livres et à ses cahiers.

Mignonne le supplia d'avoir pitié d'elle.

Le garde champêtre y consentit, et, suivis de la chèvre, ils arrivèrent chez le papa qui voulut bien reprendre sa fille, mais non garder la chèvre Mutine, bien connue pour son mauvais caractère.

Et quand le lendemain matin Mignonne s'éveilla, elle fut bien heureuse de se retrouver dans son petit lit aux rideaux frais et blancs, et aussitôt elle sauta au cou de son père en le priant de vouloir bien lui pardonner, et lui promettant de bien travailler à l'avenir.

LE MAUVAIS CAMARADE

Tous les jeudis, Paul et Henri avaient la permission d'amener jouer avec eux deux de leurs camarades. Cela amusait beaucoup leurs petites sœurs Jeanne et Marie, et dès le matin elles se mettaient à la fenêtre pour voir qui leurs frères amèneraient.

Il y avait un petit garçon nommé Jean, qu'elles aimaient beaucoup, parce qu'il était très-bon, très-bien élevé, et un autre nommé Pierre, qu'elles détestaient, parce qu'il était turbulent, bruyant et gourmand.

Les frères préféraient Pierre, parce qu'il était très-drôle et qu'il savait faire de bonnes farces.

Or, le jour où commence notre histoire est un jeudi, et voici quatre garçons qui arrivent : ce sont Paul, Henri, Jean et Pierre.

Les petites filles embrassent leurs frères, tendent la main aux camarades et les engagent à aller au jardin pendant qu'elles vont aider à mettre le couvert pour déjeuner.

Les garçons se mettent à jouer et Pierre se moque de Jean, en disant qu'il est poltron, qu'il n'est bon qu'à jouer à des jeux de petites filles, qu'il ne sait pas seulement grimper aux arbres.

Jean qui n'était pas peureux, mais qui n'était pas aussi hardi que les enfants de son âge, à cause de sa faible santé, finit par se piquer des plaisanteries, et, avisant un gros arbre, entreprit d'y monter.

Il y réussit, et, enhardi par ce premier succès, il veut gagner une branche assez

Le voilà accroché par son habit à une branche.

mince pour s'y balancer; mais la tête lui tourne, il tombe et se trouve heureusement accroché par son habit.

Il faisait pitié à voir, ce qui n'empêchait pas Pierre de rire à gorge déployée.

Paul monte aussitôt sur les épaules de son frère et va au secours de Jean ; il était temps, car l'habit craquait sous le poids de l'enfant.

On les appelle pour déjeuner, et Pierre ne manque pas de raconter la mésaventure de Jean qui, rouge, n'ose plus lever les yeux.

Paul et Henri commencent à trouver leur camarade plus méchant que drôle.

On retourne passer l'après-midi dans le jardin. Arrivé près du pigeonnier, Pierre, saisissant le chapeau du pauvre Jean, le lança sur la girouette, en lui disant : — Va donc le chercher.

— Vas-y toi-même, disent Paul et Henri.
— Mais il faut une échelle.
— Nous allons t'en donner une.

Les garçons vont chercher l'échelle ; on la dresse, et voilà Pierre sur le toit pointu, où il grimpe avec l'agilité d'un chat.

— Retirez l'échelle, crient de loin les deux petites filles.

On retire l'échelle, et voilà Pierre criant comme un diable.

Les enfants rentrent au salon en riant, et Pierre, qui a sauté du toit, quitte la maison en jurant de n'y plus revenir.

Personne ne cherche à le retenir.

Voilà ce que sont les mauvais camarades : ils veulent bien faire des niches aux autres, mais ils ne supportent pas qu'on leur en fasse.

Enfants, choisissez plutôt des camarades comme Jean que comme Pierre.

Pierre grimpa avec l'agilité d'un chat.

FOLLETTE ET MOUTON

En revenant un soir à travers champs avec son chien Fidèle, le vieux fermier Jacques avait trouvé couchée dans l'herbe une jolie petite blonde aux yeux bleus, qui souriait en tendant les bras.

Qui l'avait mise là? Personne ne le savait, pas même la petite, qui ne pouvait pas encore parler.

Elle était si gentille qu'il la prit dans ses bras, l'enveloppa dans son manteau et l'apporta à sa femme qui fut bien joyeuse, car elle n'avait pas d'enfant et avait toujours désiré en avoir.

Cinq ans plus tard, la petite fille, qu'on avait nommée Follette, à cause de sa gaieté, rapporta un soir en revenant des champs un tout petit agneau blanc qu'elle avait trouvé bêlant sur le bord du chemin; il avait une patte cassée. Follette le soigna bien tendrement, et lorsqu'il fut guéri, sa maman d'adoption lui dit qu'elle pouvait garder l'agneau, puisque personne n'était venu le réclamer.

Follette fut ravie, elle emmenait son mouton partout avec elle, le peignait, le lavait, l'embrassait, lui mettait au cou des guirlandes de fleurs, et elle n'avait jamais pensé qu'on pût le lui reprendre.

Un jour, il entra dans la cabane une vieille femme accompagnée d'un gros chien qui ressemblait à un loup; elle prétendit que le mouton lui appartenait, qu'il s'était échappé de son parc, et qu'elle venait chercher son agneau.

Cette femme avait l'air si méchant, que Follette eut peur; elle se sauva dans un coin de la chambre en pleurant et serrant son Mouton dans ses bras en criant : — Je vous en prie, Madame, ne faites pas de mal à Mouton, laissez-le-moi, laissez-le-moi, je vous donnerai tout ce que vous voudrez.

— Et que me donneras-tu, petite, demanda la vieille en ricanant ?

Follette était toute interdite, car vous savez que les petits enfants n'ont rien à eux, que tout appartient à leurs parents; elle ne savait donc quoi donner.

Mais sa bonne maman voyant son chagrin dit poliment à la vieille : — Madame, si vous voulez bien donner le mouton à ma petite fille, je filerai votre chanvre pour rien pendant tout l'hiver.

La vieille accepta le marché et partit en disant qu'elle allait envoyer tout de suite du chanvre.

Quand Follette se trouva seule avec sa bonne maman, elle lui sauta au cou pour la remercier, et vraiment le mouton en bêlant avait aussi l'air de remercier la bonne femme.

L'année suivante il fournit une belle laine avec sa toison et paya ainsi sa dette de reconnaissance.

Follette se sauva en entraînant Mouton.

Elle l'entourait de guirlandes de fleurs.

CONTENTEMENT PASSE RICHESSE

— Contentement passe richesse, mon enfant. Te souviens-tu que nous avons vu hier une petite fille richement vêtue, que l'on traînait dans une jolie petite voiture; près d'elle passait en courant un petit garçon pauvrement habillé qui portait un paquet et chantait gaiement. Crois-tu que la petite fille riche n'aurait pas donné volontiers ses beaux habits et sa voiture pour avoir les jambes du petit garçon?

— Oh! si, maman.

— Je me souviens que l'autre jour tu m'avais défendu de sortir, parce que j'avais mal à la gorge, et pour me consoler on m'avait donné des jouets nouveaux; tout cela ne m'amusait pas, et je regardais avec envie des petites filles qui dansaient dans la rue près d'un orgue.

— Ton petit oiseau est comme toi; vois, il aimerait beaucoup mieux être exposé au froid et à la pluie et voler en liberté comme l'autre oiseau, plutôt que d'être enfermé dans sa jolie cage dorée.

Maman, regarde donc les bonnes choses.

Un marmiton entrait avec un panier.

LES ŒUFS DE PAQUES

— Maman, regarde donc les bonnes choses qu'il y a dans cette boutique, vois donc les gros œufs de Pâques !

C'est ainsi que parlait un petit garçon de huit ans en tirant la main de sa mère, qui marchait rapidement sans rien regarder.

— Viens, mon enfant, ne nous arrêtons pas, il faut que je rentre travailler, nous n'avons d'ailleurs pas d'argent. Hélas, c'était une honnête famille d'ouvriers dont le père était mort après une longue maladie.

La veuve gagnait si peu qu'elle ne pouvait acheter que du pain pour toute nourriture.

Derrière nos pauvres gens se trouvait un Monsieur qui donnait la main à une jolie petite fille : — Papa, papa, dit celle-ci, veux-tu me donner l'argent que tu destinais à mon œuf de Pâques pour que j'achète quelque chose à ce petit garçon ?

— Volontiers, ma fille, que veux-tu lui donner ?

— Je ne sais pas, papa, conseille-moi. Eh bien, envoyons-leur un bon dîner.

Voilà pourquoi, une heure après cette conversation, un marmiton entrait dans la mansarde avec un panier au bras, en disant : — C'est un œuf de Pâques qui vous arrive.

LE SAC D'OR

Viens donc voir ce sac.

Portons-le chez notre maître.

Il arriva près d'une voiture renversée.

— Pierrot, Pierrot, viens donc voir ce sac qui est par terre; on dirait qu'il y a des cailloux dedans.

— Non, je crois que ce sont des pièces d'or ou d'argent.

— Oh! il n'y en aurait pas si gros; moi je crois plutôt que ce sont des gros sous.

— Eh bien, nous allons aller chez notre maître, nous ouvrirons le sac chez lui et nous lui demanderons ce qu'il faut en faire.

Pierrot et Lucette se dépêchèrent d'arriver chez leur maître, où le sac fut ouvert : il contenait dix mille francs en pièces d'or.

Pierrot et Lucette ouvraient de grands yeux, ils n'avaient jamais vu une somme pareille.

— Celui qui a perdu cet argent doit avoir bien du chagrin, dit Lucette; comment faire pour lui faire savoir qu'il est retrouvé?

— Ne vous inquiétez pas de cela, mes enfants, je vais m'en occuper; déposons d'abord l'argent chez le notaire, et je vais prendre toutes les dispositions pour retrouver le propriétaire du sac d'or.

On eut beau faire des recherches dans toute la contrée, le propriétaire du sac resta introuvable.

Au bout de quatre ans, le maître de Pierrot et de Lucette leur dit : — Mes enfants, puisqu'on n'est pas venu réclamer le sac d'or, servez-vous-en; je vous cède pour ce prix la ferme que vous cultivez, et si jamais on revenait réclamer l'argent, vous donneriez la ferme, qui en représenterait la valeur.

Le conseil fut suivi, la ferme fut achetée et prospéra entre les mains de Lucette et de Pierrot; ceux-ci eurent deux enfants : un garçon et une fille, et ils les élevèrent dans les principes d'honnêteté qu'ils avaient eux-mêmes reçus.

Il y avait déjà huit ans que cette heureuse famille avait acheté la ferme, quand un soir Pierrot, en rentrant des champs, entendit de grands cris; il courut et arriva près d'une voiture renversée; il aida le cocher à en retirer un vieux Monsieur et offrit de l'emmener à la ferme pendant qu'on réparerait la voiture.

Il lui fit voir ses champs.

En chemin, le Monsieur lui dit : — Cet endroit m'est funeste, car il y a justement douze ans que j'y ai perdu un sac d'or contenant dix mille francs; je partais pour un long voyage et je n'ai pas pu faire les recherches nécessaires pour le retrouver.

Pierrot ne dit rien, mais en route il fit remarquer au Monsieur comme ses champs étaient bien cultivés; il lui fit visiter ses étables qui renfermaient des grands bœufs et des gros porcs, puis il dit : — Tout cela est à vous, Monsieur; c'est moi qui ai trouvé votre sac d'or il y a douze ans; je vous ai fait rechercher pendant quatre ans, après lesquels, sur le conseil de mon maître, je me suis marié et j'ai acheté cette ferme avec les dix mille francs. Vous voyez que tout ce qui est ici est bien à vous. Tout ce que je vous demande, Monsieur, c'est de nous garder comme fermiers.

Tout cela est à vous, Monsieur.

— Non, mon ami, s'écria le Monsieur, il faut que la probité soit récompensée; je suis riche, cette somme ne m'a pas fait grand tort, gardez la ferme, je vous la donne.

Lucette se jette au cou de son mari.

C'est ce soir à minuit que Noël descendra dans la cheminée pour faire des cadeaux aux enfants bien sages.

— Maman, crois-tu qu'il me donnera quelque chose, demandait Marie, folle petite fille de quatre ans?

— Je pense que oui, car tu as bien appris à lire, tu es devenue bien obéissante, et tu manges maintenant ta soupe sans te plaindre et sans grogner.

— Oui, mais j'ai pleuré ce matin

— Oui, mais j'ai pleuré ce matin parce que j'ai trouvé qu'il faisait trop froid pour me lever.

— Oh! Noël est si bon qu'il n'est jamais très-sévère pour les enfants.

— Ah bien, tant mieux, reprit Roger, grand garçon de six ans à l'air résolu, parce que s'il était sévère, je crois que je n'aurais pas le sabre et le fusil que je veux lui demander ce soir; je ne sais pas comment cela se fait, j'ai beau le soir et le matin, en faisant ma prière, promettre au bon Dieu d'être patient, bon et travailleur, il est bien rare que je passe une journée sans mécontenter quelqu'un et sans me mettre en colère.

— Maman, reprit Marie, puisque Noël est si bon, crois-tu que si je le priais pour Marthe, notre petite voisine, à qui sa maman a dit qu'il n'apporterait que des verges et un bonnet d'âne, qu'il apporterait autre chose?

— Je ne sais pas, mon enfant, Noël est très-bon, sans doute, mais il est aussi fort juste, et il ne peut cependant pas récompenser les enfants méchants à l'égal des enfants sages.

— C'est vrai cela, dit Roger, mais s'il pouvait ne rien lui apporter du tout, cela serait moins honteux pour Marthe que le bonnet d'âne.

Les enfants se déshabillèrent, puis vinrent près du foyer et firent chacun leurs prières à Noël, non-seulement pour eux et pour Marthe, mais Marie le pria bien fort pour qu'il donnât beaucoup de joujoux aux enfants malheureux.

Le lendemain matin, quand les enfants s'éveillèrent ils coururent dans la chambre de leurs parents et ils y trouvèrent, Marie une belle poupée avec son trousseau; Roger, un sabre et un fusil avec des cartouches.

Enfin un grand sapin entièrement garni de jouets de toute espèce occupait le milieu de la chambre, et sur la plus haute branche était une carte sur laquelle étaient écrits ces mots : « A la petite Marie, de la part de Noël, pour distribuer aux enfants pauvres. »

Quant à Marthe, Noël lui avait épargné le bonnet d'âne et les verges, mais il avait laissé une petite carte sur laquelle étaient écrits ces mots : « Dieu n'aime que les enfants sages. »

LES ABEILLES

Quel est donc ce bruit de chaudron qu'on entend depuis ce matin ?

Ce sont nos voisins qui tapent en effet sur des casseroles pour retenir un essaim d'abeilles qui est venu s'abattre sur un pommier et qu'ils veulent recueillir et mettre dans une ruche qu'ils ont préparée exprès.

Les ruches sont ces petites maisons de paille toutes rondes que vous voyez rangées sur ces planches.

Les abeilles sont des insectes fort utiles qui nous fournissent le miel et la cire.

Les abeilles font le miel avec le suc ou jus qu'elles retirent des plantes au moyen d'une espèce de petite trompe qu'elles ont au bout de la tête.

Elles font la cire avec cette pous-

On prend le miel de la ruche.

On fait fondre la cire.

sière jaune qui recouvre les étamines des fleurs.

La cire leur sert à bâtir leurs logements dans l'intérieur de la ruche. C'est avec la cire qu'elles font les séparations de leur maison, leurs greniers pour serrer leur miel.

Ce miel que nous leur prenons, elles en faisaient provision pour leur nourriture. Pauvres petites bêtes, voyez avec quelle activité elles partent dès le matin à la recherche des fleurs ! il leur faut aller loin quelquefois pour rapporter un bon butin.

Écoutez leur bourdonnement ; elles arrivent, se dépêchent, les voilà qui entrent par la petite porte qu'on a faite assez étroite pour que d'autres insectes n'y puissent pas passer.

Elles ont une reine qui gouverne la ruche et qui ne sort jamais, les abeilles la soignent beaucoup et ne lui donnent à manger que le miel le plus pur. C'est dans de petites cellules de cire qu'elles élèvent les jeunes abeilles, et lorsque la colonie devient trop nombreuse on se décide à une émigration ; la reine part avec une partie des ouvrières, laissant la propriété de l'ancienne ruche à une reine nouvellement éclose.

La Ruche.

Les abeilles ont des ennemis terribles, ce sont les frelons, les guêpes, qui les tuent pour manger leur miel, car ces insectes ne savent pas en faire et sont cependant très-gourmands de miel.

Il y a aussi de gros papillons qui entrent quelquefois dans les ruches comme des étourneaux.

Quand cela arrive, les abeilles se précipitent sur le papillon, le tuent avec leurs dards, puis, si elles ne peuvent parvenir à expulser le cadavre de la ruche, elles l'enduisent de cire afin qu'il n'y amène pas la corruption.

Au printemps les hirondelles partent pour la France.

LES HIRONDELLES

Hirondelles, venez sous notre toit, vous lui porterez bonheur.

Quels sont donc ces oiseaux dont le vol est si rapide, que leur queue fourchue, leurs ailes allongées, leur ventre blanc rendent si distincts des autres oiseaux ?

Ce sont des hirondelles, elles vont faire leur nid sous le toit de notre maison.

Voyez, mes enfants, elles ont confiance en nous et viennent s'abriter près de nous. Les hirondelles ne font pas leurs nids en herbages comme les autres oiseaux, elles le maçonnent avec la boue du chemin et le garnissent ensuite de mousse et de duvet.

Les hirondelles ne chantent pas comme le rossignol, la fauvette et le pinson, mais elles nous rendent de grands services en détruisant par milliers les insectes nuisibles.

Je suis bien heureuse que les hirondelles aient fait leur nid chez nous, car maintenant elles y reviendront chaque année.

L'automne arrive, les hirondelles repartent pour l'Afrique.

Les hirondelles ne passent pas l'hiver dans nos pays, à l'automne elles se rassemblent en grand nombre et s'en vont dans les contrées plus chaudes, en Turquie et en Afrique.

Les pauvres petites sont quelquefois bien fatiguées quand elles arrivent, elles tombent et ne peuvent plus voler, mais personne ne pense à les faire prisonnières, elles sont partout aimées et protégées ; on sait les services qu'elles rendent, on sait aussi qu'elles mourraient en cage.

Venez, petites hirondelles, construisez paisiblement la demeure de votre famille, personne ne vous tourmentera, au contraire nous vous protégerons si quelqu'un songeait à vous attaquer.

On dit que vous portez bonheur aux maisons que vous choisissez.

Soyez donc bénies pour nous avoir préférés. Revenez-nous chaque année, vous trouverez votre nid intact ; nos enfants salueront votre retour de leurs cris joyeux.

Évitez la serre de l'oiseau vorace, de l'autour cruel, fuyez le filet de l'oiseleur, et quand vous serez loin de nos climats brumeux, pensez quelquefois à nous, à tous ceux que vous avez laissés.

Ramenez-nous vite le printemps, soyez pour nous la colombe de l'arche, qui prédisait la fin du déluge.

AUX GRANDS MAUX LES GRANDS REMÈDES

La petite Berthe était très-gourmande, et tous les jeudis, lorsqu'elle allait dîner chez sa grand'maman, elle mangeait tant de sucreries et de gâteaux qu'elle en avait régulièrement une indigestion.

Au bout de plusieurs jeudis, et par conséquent de plusieurs indigestions, elle fut si malade qu'il fallut faire venir le médecin.

Celui-ci déclara qu'il fallait prendre une purgation, se mettre à la diète pendant plusieurs jours, et qu'il n'y avait que ce moyen-là de guérir la petite malade.

Quelle punition pour une gourmande ! Mais que voulez-vous, aux grands maux les grands remèdes.

Quand on a bien mal à une dent, qu'elle est gâtée, il faut absolument aller chez le dentiste et la faire arracher. Quand un enfant n'est pas sage, son maître lui met le bonnet d'âne ; quand un arbre est mort on l'abat.

Il faut avouer que les grands remèdes sont terribles, mais aussi on peut ne pas se rendre malade exprès : c'est à quoi Berthe a réfléchi, et maintenant qu'elle est guérie, elle mange raisonnablement le jeudi, aussi n'a-t-elle plus d'indigestion.

Elle trouve qu'il vaut mieux manger un peu moins de bonbons, de gâteaux, et ne pas être obligée de boire de grandes tasses de tisane, de rester au lit, où l'on ne s'amuse pas du tout.

Les deux matelots nageaient vers la terre.

LE LION DÉSAPPOINTÉ

Un navire manquait d'eau douce, le capitaine envoya à terre une chaloupe montée par deux matelots pour en chercher.

Ces deux matelots étaient l'un de Marseille, l'autre des bords de la Garonne, c'est vous dire que c'étaient deux hâbleurs et deux paresseux compères, connaissant plus d'un bon tour.

Ils mirent une grosse tonne dans la chaloupe et aussi du biscuit, du vin, du lard, enfin tout ce qu'il fallait pour déjeuner.

Mais ils revinrent sans rapporter d'eau et voici, prétendirent-ils, ce qui leur était arrivé :

Ils fumaient tranquillement leur pipe.

Ils aperçurent un lion magnifique.

« A peine étions-nous à terre que, fatigués d'avoir longtemps ramé, nous résolûmes de déjeuner pour nous reposer, puis ensuite de fumer notre pipe à l'abri de la tonne que nous avions commodément disposée à cet effet.

Nous venions à peine de nous installer, que tout à coup un bruit semblable à celui du tonnerre se fit entendre non loin de nous. Quel ne fut pas notre effroi en voyant que c'était un lion gigantesque qui venait sur nous en poussant des rugissements farouches ! Sa crinière était hérissée, ses yeux hagards ; nous fûmes terrifiés.

Nous nous levâmes rapidement et, soulevant la tonne, nous nous en fîmes un bouclier.

Faible défense ! le lion fut sur nous en quelques bonds ; le choc fut si violent que la tonne fut renversée malgré nos efforts, et c'en était fait de nous si par bonheur le lion ne se fût trouvé dessous.

Ne perdant pas notre présence d'esprit, nous nous élançâmes sur la tonne afin de maintenir le lion prisonnier, mais le terrible animal faisait de tels sauts que nous ne savions plus que faire quand il nous vint à l'idée de monter sur la tonne afin d'éviter les coups de griffe que l'animal en fureur cherchait à nous allonger sournoisement.

Ce ne fut pas sans peine que nous

réalisâmes cette entreprise hardie, mais ce n'était pas tout d'avoir gagné la place, il fallait s'y maintenir.

— Mon Dieu, disait le Marseillais, cette affreuse bête va nous jeter par terre !

— Et puis il nous mangera pour sûr, ajoutait le Gascon.

Là nous étions secoués, c'était un roulis et un tangage tels que nous n'en avions jamais éprouvé de semblables, quand tout à coup quelque chose nous chatouilla l'oreille : c'était un gigantesque plumeau que nous reconnûmes pour être la queue du lion que l'animal dans ses ébats avait fait passer par le trou de la bonde.

Une idée, dit mon camarade, je vais

faire un nœud à cette queue et elle ne pourra plus sortir de la bonde.

L'idée était bonne, mais difficile à exécuter; car l'animal en fureur protestait contre les embellissements qu'on voulait faire à sa queue par des bonds et des rugissements furieux.

On y parvint cependant, et sûrs du succès de notre entreprise, nous quittâmes la tonne pour voir ce qu'allait faire notre ennemi.

Il secoua la tonne avec rage, se roula, se dressa, rugit sans pouvoir se défaire de cette carapace d'un nouveau genre; alors, ivre de fureur, il regagna la

montagne, pendant que de notre côté nous atteignîmes notre chaloupe, heureux d'avoir échappé à la mort.

A notre retour, le capitaine, après avoir écouté notre récit jusqu'au bout, n'en voulut rien croire, et prétendit que nous nous moquions de lui.

Je vous connais de longue date, nous dit-il, vous n'avez pas voulu vous donner la peine d'aller chercher de l'eau, vous aurez caché la tonne et vous avez inventé cette histoire.

4

LA PARESSE REND TOUT DIFFICILE

Jules est un enfant paresseux, il fait ses devoirs à regret, aussi sont-ils très-mal faits, sa maman a bien du chagrin et en pleure tous les jours.

Lorsque seul on le croit bien occupé à mettre ses devoirs au net, il fait des cocottes, froisse ses livres, se couche sur la table et il reste là sans idées, sans courage, jusqu'à ce que sa maman vienne voir ce qu'il fait.

Aussi, aux vacances, on est obligé de faire venir tous les jours son pro‑  fesseur pour forcer ce pauvre Jules à travailler, et pendant qu'il est enfermé avec ses livres, il voit passer son cousin Paul sur son joli poney, et sa petite cousine Marie qui trotte à côté de lui.

LE TRAVAIL REND TOUT FACILE

Paul est bien différent, c'est un enfant studieux qui travaille avec plaisir, aussi est-il toujours le premier de sa classe; le soir quand il rentre, sa maman l'embrasse de bon cœur.

Le matin c'est elle qui l'éveille et lui fait apprendre ses leçons.

Les cahiers de Paul n'ont jamais de pâtés,

ils sont propres, nets et font plaisir à voir.

Pendant les vacances, sa première occupation est de faire ses devoirs de la journée, de sorte qu'après le déjeuner il est libre de jouer tant qu'il veut.

Pour le récompenser, son papa lui a donné un joli petit poney sur lequel il fait de très-grandes promenades avec sa cousine Marie et son chien Fox.

LES ENFANTS DES BOIS

Un garde forestier habitait une charmante maison rustique sur la lisière d'un grand bois, sa femme s'y trouvait parfaitement heureuse, mais s'ennuyait de ne pas avoir d'enfants.

Un jour son mari en revenant d'une tournée ramena deux petits enfants déguenillés, une petite fille et un petit garçon, qu'il avait trouvés dans un fourré épais, blottis dans une espèce de hutte de feuillage.

Ces deux enfants étaient si sauvages qu'ils ne voulaient pas répondre aux questions qu'on leur adressait et qu'ils ne savaient pas même leur nom.

Il fallut toute la patience de Jeanne (c'était le nom de la femme du garde) pour apprivoiser ces jeunes sauvages; elle les nettoya, les peigna, leur mit des vêtements propres et les chaussa de bons sabots, ce qui les gêna beaucoup dans les commencements.

Les enfants allumèrent du feu.

Ils rapportaient des branches de bouleaux.

Mme de Boissy, propriétaire de la forêt où le mari de Jeanne était garde, eut connaissance de cette histoire des enfants des bois, elle vint les voir, accompagnée de sa petite fille Pauline, âgée de huit ans, et permit à celle-ci de jouer avec eux.

La petite sauvage s'attacha beaucoup à Pauline, elle aurait voulu ne la quitter jamais.

Un jour les trois enfants partirent se promener, ils gagnèrent peu à peu le fond des bois, et Pauline désira voir l'endroit où on avait trouvé ses petits compagnons; la petite fille, qu'on avait nommée Lisette, l'y conduisit, puis comme Pauline avait faim, elle fit allumer du feu par son frère, fit cuire des racines dans la cendre, cueillit des fruits sauvages et se montra presque joyeuse de reprendre son ancienne vie.

Il sembla alors que la mémoire lui revint, elle raconta toute son histoire à Pauline.

Leur mère était morte quand ils étaient tout petits, des hommes noirs étaient venus enlever tout dans leur maison, et leur père les prenant par la main s'était retiré dans la forêt où il avait construit cette espèce de hutte.

Ils récoltaient des branches de bouleaux et de genêts avec lesquels ils faisaient des balais que le père allait vendre à la ville, et il rapportait en échange du pain, du lard, du sel et quelquefois des vêtements. C'est ainsi que vivaient les pauvres enfants, souffrant souvent du froid et de la faim, mais ils avaient

Des bûcherons attirés par les cris d'un petit chien.

l'affection et la protection de leur père, puis un jour ce dernier soutien vint à leur manquer. Un matin, les enfants dormaient encore dans un coin de la hutte, le pauvre homme partit sans faire de bruit pour aller vendre quelques objets fabriqués par lui.

Toute la journée les enfants l'attendirent sans inquiétude en se livrant à leurs petits travaux, mais la nuit arriva, et peu à peu la crainte s'empara d'eux.

Les pauvres petits surmontèrent cependant leur terreur, pour aller au secours de leur père; ils parcoururent en l'appelant tous les sentiers de la forêt.

Ils coururent ainsi une partie de la nuit et rentrèrent au petit jour éperdus de douleur et brisés de fatigue; leur pauvre père, hélas! ne revint pas, et les malheureux enfants ne savaient pas ce qu'il était devenu.

Ils continuèrent à vivre misérablement dans la forêt, jusqu'à ce qu'ils y fussent découverts par le garde forestier.

Au retour de la promenade, Pauline raconta sa conversation avec les enfants et on se rappela alors qu'il y avait un an, des paysans en ramassant du bois avaient été attirés près d'une mare à peu près desséchée, par les aboiements d'un petit chien, et avaient trouvé là un homme mort, qui probablement était tombé dans cette mare pendant la nuit, et s'y était noyé; cet homme était inconnu dans le pays, ce devait être certainement le père des deux petits enfants. Jeanne serra les enfants sur son cœur et résolut plus que jamais de les garder.

LA PETITE DANSEUSE DE CORDE

Oh! mon Dieu, elle va tomber!

Voilà ce que tout le monde disait en voyant une frêle et délicate petite fille d'environ sept ans qui dansait sur une corde, se maintenant en équilibre à l'aide d'un lourd balancier qu'elle pouvait à peine porter.

C'était terrible de penser que cette pauvre enfant était condamnée à danser ainsi en public et qu'elle risquait chaque jour de se tuer ou au moins de se casser les jambes!

Et je pensais en la voyant exécuter des tours très-difficiles, qu'il est des petits enfants de ma connaissance qui pleurent pour apprendre à lire et à écrire. Je me disais alors : si on offrait à cette pauvre petite danseuse de prendre la place d'un de ces enfants paresseux, comme elle se trouverait heureuse, comme elle travaillerait et comme elle apprendrait tout ce qu'on voudrait bien lui montrer.

Petits enfants, appréciez donc un peu plus le bonheur d'avoir des parents qui peuvent bien vous élever et profitez donc de l'éducation que l'on vous donne.

LA LAINE

— Qu'est-ce donc qui donne la laine, est-ce qu'elle pousse sur les arbres, maman ?

— Oh non, nous la prenons aux moutons ; tu sais quelle épaisse toison ils ont sur le dos : quand on enfonce les doigts dans leur laine, ils y disparaissent presque en entier.

— Est-ce qu'il faut tuer les moutons pour en avoir la laine ?

— Pas du tout, chaque année, au commencement de l'été, lorsqu'il fait bien chaud, on leur coupe la laine, et cela ne leur fait pas plus de mal que lorsqu'on te coupe les cheveux ; cela s'appelle tondre les moutons.

Lorsqu'on a réuni une grande quantité de laine, on la nettoie, on la lave, on la fait sécher au soleil.

— Et les moutons ne disent rien de ce qu'on leur prend comme cela leur laine ?

— Ils sont d'abord un peu gênés, mais ils s'habituent vite à être débarrassés de leur chaude toison qui repousse d'ailleurs assez vite, car chaque année on peut recommencer à tondre les moutons.

— Lorsque la laine est bien nettoyée, il y a des femmes qui la peignent, qui l'étendent, qui l'allongent, qui la filent et en font de gros écheveaux comme on fait pour le chanvre.

Lorsque la laine est bien dévidée en fils de grosseurs différentes, on en fabrique des étoffes.

Les habits de votre père sont en drap et le drap est fait avec de la laine.

La toison des moutons ne produit que de la laine blanche, de la laine noire et de la laine grise; lorsqu'on veut avoir des laines d'autres couleurs, il faut les teindre.

La laine est une des plus belles productions naturelles; elle est douce, chaude et légère; elle est en outre d'une finesse extrême : voyez le cachemire, on peut à peine en compter les fils, c'est presque aussi joli que les tissus de soie.

C'est avec les brins de laine que les moutons ont laissés aux haies épineuses des chemins, que les petits oiseaux tapissent l'intérieur du nid qui doit abriter leur jeune famille.

C'est avec la laine que votre maman tricote ces bas destinés à des enfants malheureux.

C'est encore avec la laine que vous faites cette belle paire de pantoufles que vous donnerez à votre papa pour le jour de sa fête.

Les matelas de votre lit sont en laine; enfin regardez autour de vous et vous verrez la laine, toujours la laine.

— Est-ce qu'il y a d'autres animaux que les moutons qui donnent de la laine?

— Non, la chèvre a un poil rugueux qui n'a aucune ressemblance avec la toison du mouton; on fait cependant de jolies étoffes avec ce poil, mais ces étoffes sont raides et ne sont pas chaudes comme celles de laine.

On tond les moutons.

Le travail de la laine.

QUI AIME BIEN CHATIE BIEN

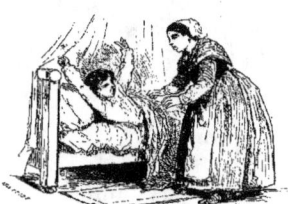
Vite, levez-vous ; il est huit heures.

Vous serez grondé.

Voyons, débarbouille-toi.

— Comment, monsieur Paul, vous n'êtes pas encore levé, et il est huit heures! Vous ne saurez pas vos leçons, et votre papa se fâchera encore.

— Cela m'est bien égal, on me pardonne toujours.

— Oui, mais un beau jour, monsieur se fâchera pour tout de bon, et il vous mettra en pension tout à fait.

— Allons, Catherine, aide-moi donc vite à m'habiller, au lieu de me faire toujours ainsi de la morale.

L'eau est glacée.

seulement ta toilette, le déjeuner est servi et ton père est déjà à table.

— Maman, je t'en prie, ne me gronde pas; c'est la faute de cette vilaine Catherine qui n'a pas voulu m'aider.

— Voyons, débarbouille-toi vite et ne fais pas de grimaces.

— L'eau est glacée, cela me donnera des engelures.

— Ah! mon Dieu! j'entends papa; maman, je t'en prie, intercède encore une fois pour moi.

— C'est donc tous les jours la

Je vais vous mettre en pension.

Paul n'ose rien dire.

Et son papa le conduit

Chez un professeur.

— Ma foi, non; voilà votre maman qui vient, elle va vous gronder, et vous l'avez bien mérité.

— Comment, Paul, tu commences

même chose, monsieur Paul; dépêchez-vous de vous habiller; et cette fois, je vais faire ce dont je vous menace depuis si longtemps : je

Il veut s'en aller. — Il boude — Et refuse de jouer.

vais décidément vous mettre en pension tout à fait.

Paul n'ose rien dire ; il s'habille vite et sa maman a beau pleurer, le papa bien décidé le conduit à la pension Benoît.

M. Benoît parle d'un ton fort doux au petit Paul ; mais quand celui-ci voit son père qui se prépare à partir, il s'accroche après lui et déclare qu'il veut s'en aller aussi.

Un professeur le prend alors par le bras et le conduit dans la cour, où les élèves étaient en récréation ; mais Paul ne veut regarder personne, et refuse de prendre part à la partie de balle.

— Votre conduite n'est pas raisonnable, mon ami, dit le maître ; vous ne vous ferez pas aimer de vos petits camarades.

La cloche sonne, on rentre en classe, on désigne une place à Paul, qui s'y assied en boudant, la tête appuyée sur la main.

Il n'écoute pas la leçon, de sorte que lorsqu'on l'interroge il ne peut pas répondre un mot. Le maître l'avertit alors que si cela continue, il le privera de sortie pour le dimanche suivant.

Il faut travailler — Ou être privé de sortie.

Paul trouve alors que le maître est beaucoup plus sévère que sa maman ; et il regrette amèrement la maison paternelle.

Au réfectoir, il trouve la soupe détestable, la viande trop dure et les légumes trop salés.

Il trouve la soupe mauvaise. Il est au pain sec. Il ne veut pas se coucher.

On le met alors au pain sec; il en trépigne de colère. Il est huit heures, on monte au dortoir. Paul refuse de se coucher, il a peur; tout le monde se moque de lui.

Enfin à la récréation un gentil camarade, nommé Jules, s'approche de Paul et, en causant, lui fait comprendre qu'il n'y a qu'un moyen d'être heureux en pension : c'est de se mettre bien avec les maîtres en devenant un élève studieux, et de se faire aimer des élèves en étant bon camarade.

Paul et Jules font un pacte d'amitié et le cimentent par une bonne partie de saute-mouton; on se rapproche de toute la classe et l'on joue aux barres.

Dès lors, Paul et Jules sont des amis inséparables à l'étude comme à la récréation.

Ils sont toujours au banc d'honneur; les professeurs les félicitent et leurs camarades ne sont pas jaloux parce qu'ils savent que les récompenses de Paul et de Jules sont bien méritées.

Les concours commencent, on pense avec joie aux vacances; quel bonheur de passer quelque temps à la maison paternelle.

A la distribution des prix, les deux amis sont chargés de couronnes.

La maman de Paul est fière des succès de celui-ci qui, en embrassant son papa, dit : Qui aime bien châtie bien.

Il trouve un camarade. Et joue à saute-mouton. Puis il fait une partie de barre.

Il a des prix.

Quel est donc ce paquet?

L'ENFANT PERDU

Jacques, Jacques, disait Marceline à son mari avec qui elle revenait à la nuit d'un marché des environs, regarde donc quel est ce paquet qui est sur le chemin, un peu plus mon âne allait marcher dessus.

Ah! mon Dieu! c'est un enfant enveloppé dans un manteau, c'est un beau petit garçon, il dort comme s'il était dans son lit, il a bien chaud.

Jacques tendit l'enfant à sa femme qui le prit dans ses bras et ils regagnèrent leur ferme tout en causant de leur singulière trouvaille.

Aussitôt qu'ils furent arrivés, Marceline déshabilla l'enfant qui, s'éveillant à demi, dit seulement : Bonsoir, maman, bonsoir papa.

Les larmes vinrent aux yeux de Jacques qui s'écria : Pauvres parents, dans quel chagrin ils doivent être d'avoir perdu leur enfant; demain matin, dès qu'il fera jour, j'irai chez le maire, je lui conterai notre aventure et il nous aidera à retrouver à qui cet enfant appartient.

Jacques fit ce qu'il avait dit, et en attendant lui et sa femme soignèrent bien le petit garçon et s'attachèrent tellement à lui qu'ils souhaitaient presque qu'on ne le réclamât point, car ils n'avaient pas d'enfants et en désirait beaucoup.

Le petit garçon pleura bien fort le

premier jour, puis peu à peu il fit connaissance avec les habitants de la ferme et s'y plut beaucoup ; il donnait à manger aux poules, aux canards, aux pigeons, montait sur l'âne Martin, allait aux champs avec Jacques, au marché vendre les œufs, le beurre, le lait et les légumes avec Marceline.

Plusieurs mois se passèrent de la sorte, et les deux fermiers commençaient à croire qu'ils garderaient toujours l'enfant avec eux.

Un matin, cependant, une voiture s'arrêta à la porte, un monsieur et une dame se précipitèrent dans la cour, et l'enfant s'élança dans leurs bras en s'écriant : Maman, papa.

C'étaient effectivement les parents du petit garçon qui venaient le chercher ; il leur avait été enlevé par des bohémiens qui avaient abandonné l'enfant lorsqu'ils s'étaient vus poursuivis par les gendarmes.

Les pauvres parents avaient eu bien du chagrin de la disparition de leur enfant, la maman en avait fait une longue maladie, c'est ce qui avait retardé les recherches ; on craignait que le petit garçon fût mort ; aussi combien les parents furent heureux de le trouver bien portant, bien soigné.

Ce fut en vain qu'on voulut faire accepter une récompense aux fermiers, ils la refusèrent énergiquement.

Ce fut en pleurant qu'ils se séparèrent de leur petit protégé, et furent très-heureux de recevoir son portrait.

LE BAROMÈTRE DES ENFANTS

1. VARIABLE. — C'est bien ennuyeux d'être dans une chambre à travailler quand il fait si beau temps dehors.

2. BEAU TEMPS. — Oui, mais lorsqu'on a bien fait ses devoirs, maman est très-contente; elle vous embrasse et vous récompense toujours.

3. BEAU FIXE. — Et le soir, après avoir fait sa prière et bien rempli sa journée, on s'endort tranquillement et l'on ne fait pas de mauvais rêves.

4. TRÈS-SEC. — Quand on n'a pas été sage, on est mis en pénitence, on a du pain sec et très-sec même.

5. PLUIE. — Lorsqu'on a mérité une punition on pleure; et si la punition est forte, alors...

6. GRANDE PLUIE. — On pleure à chaudes larmes, on ne peut plus se consoler jusqu'à ce que petite mère vienne vous pardonner.

7. TEMPÊTE. — Les garçons ne pleurent pas souvent; mais ce qui est encore bien plus vilain, ils se disputent, se battent même quelquefois, et rejettent les fautes sur le dos l'un de l'autre.

LES CAPRICES DE MARGUERITE

— Ah ! comme c'est ennuyeux de faire tous les jours la même chose, disait Marguerite en bâillant, en s'étendant dans un fauteuil ; je ne sais pas comment fait ma sœur Berthe : tout l'amuse, même le travail.

Moi, tout m'ennuie ; mon chien n'est plus drôle, il dort tout le temps ; mon chat me griffe quand je veux le prendre. Ah ! j'y pense, mon oncle m'a promis de m'envoyer aujourd'hui un petit oiseau très-joli. On sonne, ce doit être lui.

Ah! comme c'est ennuyeux!

— Tiens, c'est le petit mousse de mon oncle. Oh ! la jolie cage ! Pierre, vous remercierez bien mon oncle. Ce petit oiseau est charmant.

Berthe, viens donc voir le joli cadeau que mon oncle me fait ; nous allons apprivoiser ce petit oiseau ; il faudra qu'il monte à l'échelle, qu'il fasse le mort. Je vais donc enfin m'amuser.

Marguerite voulut prendre le petit oiseau. Celui-ci se fâcha et lui pinça le doigt jusqu'au sang.

— Mais Mademoiselle, dit Pierre, vous devez lui avoir fait mal, car moi qui l'ai élevé, jamais il ne m'a pincé ; tenez, si vous voulez, je vais le prendre moi-même et vous verrez.

Ce petit oiseau est charmant.

Non, c'est un méchant oiseau, je lui en veux ; va, Pierre, remercie tout de même mon oncle et ne lui raconte pas tout cela.

Dès que Pierre fut parti, Marguerite s'écria de nouveau :

— Ah ! le méchant oiseau, je n'en veux plus.

Minet, voudrait le croquer.

Elle s'éveilla avec un nouveau caprice.

Ma bonne, retire-le de cette jolie cage ; emporte-le dans la cuisine ; j'achèterai une petite perruche pour la mettre à sa place.

L'oiseau fut emporté dans la cuisine, où l'on eut fort à faire d'empêcher Minet de le croquer.

Le lendemain matin, Marguerite se leva avec un nouveau caprice ; elle avait entendu la veille en passant dans une rue un petit serin apprivoisé qui chantait à merveille, et sa bonne lui avait dit qu'il appartenait à une pauvre famille que sa maman protégeait.

Il lui vint une idée superbe : ce fut d'aller chez les pauvres gens et d'acheter le petit oiseau apprivoisé.

Quand la bonne fut prête à emmener promener Berthe et Marguerite, celle-ci demanda à monter chez madame Morin;

Elle voulut acheter l'oiseau.

c'était la pauvre femme à qui appartenait le petit serin.

Berthe y consentit d'autant qu'elle avait une commission à y faire de la part de sa mère.

Elles entrèrent, et quand Marguerite eut fait sa proposition, les pauvres gens la remercièrent beaucoup, mais lui dirent qu'ils ne voulaient pas vendre le petit oiseau qui était l'unique distraction de leur petite fille toujours malade.

Marguerite s'en alla très-vexée, en disant que ces gens étaient bien fiers pour des pauvres et que sa maman était trop bonne de s'occuper d'eux.

Berthe lui répondit que ces gens avaient bien le droit de vouloir conserver ce qui leur plaisait, et qu'elle avait eu tort d'insister autant; qu'elle avait eu l'air de vouloir profiter de la position malheureuse de Madame Morin.

— Pas du tout, reprit aigrement Marguerite, je voulais lui payer ce joli petit serin ; elle aurait mieux fait d'accepter mon argent et d'acheter autre chose à sa petite fille.

Berthe se tut, sachant bien qu'avec Marguerite on n'avait jamais le dernier ; mais à peine étaient-elles rentrées chez elles, que la petite fille pauvre vint et les pria d'accepter le petit oiseau comme

Marguerite fut enchantée.

remerciments des bontés que leur mère avait pour ses parents.

Marguerite fut enchantée et installa le joli serin dans la cage donnée par son oncle ; mais sa mère ayant eu connaissance de l'histoire eut l'air si mécontent, que notre capricieuse vit bien qu'elle avait mal agi ; elle supplia sa maman de l'accompagner chez les pauvres gens pour s'excuser de son insistance et les prier de reprendre le petit oiseau.

Celle-ci y consentit ; les pauvres gens refusèrent d'abord de reprendre ce qu'ils avaient donné, mais cédèrent cependant aux prières de Marguerite, qui, sans qu'on s'en aperçût, glissa ses petites économies dans la poche de la petite fille.

Sa maman l'embrassa et lui dit que ce bon mouvement réparait bien des fautes, et le petit oiseau, qui était devenu tout triste dans sa belle cage dorée, entonna une magnifique chanson dès qu'il se retrouva avec sa petite maîtresse.

Marguerite soupira bien un peu en l'écoutant ; mais malgré cela elle ne regretta pas son bon mouvement et résolut de ne plus avoir de caprices à l'avenir.

La vue de ces pauvres gens éveilla même dans son cœur de meilleurs sentiments ; elle continua à les visiter et consacra à les aider une partie de ses économies.

Ce bon mouvement répara bien des fautes.

Cette somme était lourde.

J'aimerais mieux votre cheval.

LES HEUREUSES CHANCES DE JEANNOT

Jeannot, après avoir servi son maître pendant sept ans, résolut de retourner dans son village près de sa mère.

Son maître lui remit ses gages de sept ans, ce qui faisait une grosse somme : 1,500 francs.

Donnez-moi votre argent.

Cette somme était bien lourde à porter, et le pauvre Jeannot était bien fatigué.

Il rencontra un cavalier monté sur un beau cheval blanc, qui lui demanda ce qu'il portait de si lourd.

— Ce sont mes gages de sept années : 1,500 francs, répondit Jeannot. Mais je vais loin, et j'aimerais mieux votre cheval que mon argent.

— Si vous voulez changer, la chose

Voilà Jeannot par terre.

est facile ; donnez-moi votre argent, montez sur mon cheval ; vous n'aurez qu'à lui dire de temps en temps : Hop ! hop ! il ira tout seul.

Voici l'échange fait. Jeannot part, monté sur le cheval, qui prend d'abord le trot, puis le galop, mais un si grand galop, que voilà notre pauvre Jeannot par terre.

Heureusement un paysan, qui venait sur la route en traînant une vache, arrête le coursier et le ramène à Jeannot; mais c'en est fait, le pauvre garçon ne veut plus remonter dessus; il s'estime fort heureux que le paysan veuille bien garder le cheval et lui donner la vache en échange.

Voilà Jeannot heureux.

— J'aurai, disait-il, du beurre, du lait, du fromage. Tiens, j'ai justement soif; je vais attacher ma vache à cet arbre et je vais boire du bon lait.

C'est en vain qu'il cherche à la traire, le lait ne vient pas, mais il reçoit un bon coup de pied qui le renverse.

— Est-ce que vous êtes fou, lui dit un boucher qui passait, portant un petit cochon dans une brouette; cette bête n'a plus de lait, elle est trop vieille et n'est bonne que pour la boucherie.

— Vraiment, dit Jeannot en contemplant le jeune porc d'un air d'envie; alors voulez-vous que je vous la donne en échange de ce petit cochon, dont j'aime beaucoup mieux la chair.

— Volontiers, mon garçon. Tenez, voici la corde; tenez-la bien surtout, car sans cela la bête vous échapperait et il faudrait que vous soyez un fameux malin pour le rattraper.

— Soyez tranquille, je vais bien le tenir, car je n'ai pas envie de courir après; j'ai déjà eu tant de mésaventures depuis ce matin, que j'ai les reins brisés et les jambes rompues.

Voilà le boucher parti et notre Jeannot aussi, traîné par son cochon qui tire sur la ficelle et pousse des grognements plaintifs pour témoigner qu'il regrette la brouette où le traînait complaisamment le boucher.

Un peu plus loin, Jeannot rencontre un jeune garçon qui portait dans ses bras une magnifique oie grasse.

— La belle oie! s'écrie notre Jeannot, je voudrais bien être celui qui la mangera.

— Qu'à cela ne tienne, il faut vous faire inviter au baptême pour lequel on va la faire rôtir. Tiens, que tenez-vous donc là? On dirait le petit cochon qu'on a volé au maître d'école.

— Comment, volé! Je l'ai échangé pour une vache!

— Dam! il lui ressemble joliment; je vous engage à ne pas traverser le village, on n'aurait qu'à vous prendre pour le voleur.

— Voulez-vous me donner votre oie, je vous donnerai mon cochon.

Le rusé garçon fit d'abord quelque difficulté; puis il céda son oie et s'enfuit avec le cochon, fort content de son marché.

Jeannot, encore tout ému, s'assit sur un banc de pierre et, son oie dans les bras, se mit à regarder un repasseur de couteaux.

— Voilà un gentil métier, pensait-il, et qui n'est pas bien difficile.

— Eh! garçon, tu trouves ma manivelle gentille; si tu veux me donner ton oie, je te

donne une de mes deux pierres; avec cela tu gagneras toujours ta vie.

Ma foi, pensa Jeannot, cet homme a raison; une fois mon oie mangée, il ne me restera rien, et quand j'aurai rejoint ma mère, je serai bien content d'avoir un petit métier qui me permettra de gagner quelques sous tous les jours.

— Eh bien! brave homme, j'accepte, voici mon oie, donnez-moi votre pierre.

— Tiens, mon garçon, la voici, et encore une autre avec, qui est excellente pour les lames fines.

Jeannot part avec son nouveau butin; mais il ne tarde pas à le trouver bien lourd. Heureusement il rencontre un ruisseau abrité par un arbre, et

s'assied avec joie; mais voyez la chance de notre ami : sans y faire attention, il pousse ses pierres avec son coude, et les voilà qui font le plongeon et disparaissent, aux yeux

étonnés de Jeannot. D'autres se seraient désolés, notre Jeannot ne fut pas si bête, il se mit au contraire à jeter son chapeau en l'air, à sauter de joie, se félicitant des heureuses chances qu'il avait rencontrées sur sa route et qui lui permettaient de revenir chez sa mère les mains nettes.

UN JOUR DE PLUIE

— Bon, voilà qu'il pleut juste au moment de notre récréation; c'est toujours comme cela! disait Jules à sa sœur Marthe.

— Que veux-tu, nous n'y pouvons rien; nous jouerons dans la chambre.

— Non, j'irai au jardin quand même.

— Maman te grondera; elle n'aime pas qu'on se fasse mouiller.

— Tant pis; viens-tu avec moi?

— Non, je reste et je vais travailler à la bourse que je fais pour la fête de papa.

Voilà qu'il pleut encore!

Jules descendit donc, et ne sut que faire une fois au jardin; la terre était détrempée, on ne pouvait courir, et puis il ne savait pas jouer sans sa sœur. Il se dirigea du côté de la niche de Médor et se mit à taquiner le chien avec un bâton.

Médor n'était pas méchant; mais Jules l'avait éveillé en sursaut, ce qui l'avait mis de mauvaise humeur; il grogna d'abord, puis montra les dents. Enfin, Jules ayant continué à taper dans la niche avec son bâton, Médor sortit comme un furieux, arracha un morceau de la manche de la veste du petit garçon et rentra avec ce trophée dans sa maison.

Jules, tout honteux, remonta près de sa sœur et la pria de raccommoder sa veste.

Marthe l'aurait bien voulu; mais le mal était si grave qu'elle ne put se

Médor arracha un morceau de la manche.

Je vais travailler à la bourse de papa.

tirer d'affaire; elle alla demander conseil à la bonne, à qui on raconta l'histoire.

La bonne engagea Jules à changer de vêtement, parce que la manche ne pouvait être raccommodée immédiatement. Notre jeune garçon se remit à l'ouvrage tout penaud; car, lorsque la maman revint, il fallut bien lui expliquer pourquoi on avait changé de costume et avouer qu'on avait désobéi.

La maman était très-bonne, mais elle était très-sévère sur le chapitre de l'obéissance; elle dit donc à Jules que comme punition il copierait dans sa grammaire un verbe tout entier.

Jules était d'autant plus vexé qu'il n'avait aucune compensation, car il avait affaire un devoir très-ennuyeux et il ne s'était pas du tout amusé au jardin; il n'avait pas non plus osé avouer que Médor avait enlevé un petit morceau de son bras en déchirant la manche de sa veste.

Il fit cependant le devoir sans se plaindre, et sa sœur qui était très-gentille lui tint compagnie. Le pauvre Jules fut puni jusqu'au bout; il avait eu les pieds si mouillés au jardin, qu'il en gagna un gros rhume et qu'il ne put pas sortir le lendemain qui était un jeudi.

Voilà une désobéissance qui lui avait coûté cher.

www.ingramcontent.com/pod-product-compliance
Lightning Source LLC
LaVergne TN
LVHW020051090426
835510LV00040B/1658